BEI GRIN MACHT SICH IHR WISSEN BEZAHLT

- Wir veröffentlichen Ihre Hausarbeit, Bachelor- und Masterarbeit

- Ihr eigenes eBook und Buch - weltweit in allen wichtigen Shops

- Verdienen Sie an jedem Verkauf

Jetzt bei www.GRIN.com hochladen und kostenlos publizieren

Bibliografische Information der Deutschen Nationalbibliothek:

Die Deutsche Bibliothek verzeichnet diese Publikation in der Deutschen Nationalbibliografie; detaillierte bibliografische Daten sind im Internet über http://dnb.d-nb.de/ abrufbar.

Dieses Werk sowie alle darin enthaltenen einzelnen Beiträge und Abbildungen sind urheberrechtlich geschützt. Jede Verwertung, die nicht ausdrücklich vom Urheberrechtsschutz zugelassen ist, bedarf der vorherigen Zustimmung des Verlages. Das gilt insbesondere für Vervielfältigungen, Bearbeitungen, Übersetzungen, Mikroverfilmungen, Auswertungen durch Datenbanken und für die Einspeicherung und Verarbeitung in elektronische Systeme. Alle Rechte, auch die des auszugsweisen Nachdrucks, der fotomechanischen Wiedergabe (einschließlich Mikrokopie) sowie der Auswertung durch Datenbanken oder ähnliche Einrichtungen, vorbehalten.

Impressum:

Copyright © 2018 GRIN Verlag
Druck und Bindung: Books on Demand GmbH, Norderstedt Germany
ISBN: 9783668849648

Dieses Buch bei GRIN:

https://www.grin.com/document/452224

Wilhelm Metz

Über das Verbindliche in der Weltgesellschaft

GRIN Verlag

GRIN - Your knowledge has value

Der GRIN Verlag publiziert seit 1998 wissenschaftliche Arbeiten von Studenten, Hochschullehrern und anderen Akademikern als eBook und gedrucktes Buch. Die Verlagswebsite www.grin.com ist die ideale Plattform zur Veröffentlichung von Hausarbeiten, Abschlussarbeiten, wissenschaftlichen Aufsätzen, Dissertationen und Fachbüchern.

Besuchen Sie uns im Internet:

http://www.grin.com/

http://www.facebook.com/grincom

http://www.twitter.com/grin_com

Wilhelm Metz (Freiburg i.Br.)

Über das Verbindliche in der Weltgesellschaft[1]

Kann trotz der Vielzahl kultureller und religiöser Traditionen, tief gehender Differenzen in Werte-Überzeugungen und Lebensformen, die es in der aktuellen Weltgesellschaft gibt, dennoch ein für Alle >Verbindliches< ausformuliert werden? Zur Vorbereitung dieser Frage, die sich auf einem durchaus verminten Gelände bewegt, seien einige Begriffe geklärt, zuerst derjenige der „Weltgesellschaft".

Diesen Begriff möchte ich im Sinn von Niklas Luhmann verwenden, der unter Gesellschaft einen Kommunikationszusammenhang versteht. Soweit sich die Kommunikationen unter Menschen erstrecken, haben wir es mit Gesellschaft zu tun, die als das umfassende Sozialsystem alle Kommunikationen der jetzt Lebenden in sich schließt[2]. Im Blick auf die Moderne kann von einer Weltgesellschaft gesprochen werden, weil die Kommunikationen nicht an Staats- oder sonstigen Grenzen halt machen. Wissenschaftliche Forschungsergebnisse, z.B. im Bereich von Physik, Medizin oder Archäologie, werden weltweit kommuniziert, Fotografien, die von Raumstationen im Weltraum produziert werden, werden allgemein, z.B. im Internet, zugänglich gemacht, erfolgreiche Filme werden in der ganzen Welt beachtet und angeschaut, über Sportereignisse oder die Kurzbotschaften des amerikanischen Präsidenten wird weltweit berichtet. Privatpersonen reisen in alle Ecken der Welt und knüpfen Kontakte, die dank moderner Kommunikationsmedien über größte Entfernungen gepflegt werden können. In Anbetracht dieser sich vielfach abzeichnenden Weltgesellschaft, die sich am deutlichsten durch das Internet abbildet, ist auf eine Janusköpfigkeit hinzuweisen. Die Moderne nämlich scheint einerseits gekennzeichnet zu sein durch Buntheit und Pluralität (Stichwort „Multi-Kulti"), andererseits aber eine noch nie da gewesene Vereinheitlichung der ganzen Menschheit zu vollziehen, und dies in den

---

[1] Dieser Artikel stellt die leicht überarbeitete Fassung eines Vortrags dar, den ich unter demselben Titel am 7. November 2018 in der Politischen Akademie in Tutzing gehalten habe.

[2] Niklas Luhmann, *Die Gesellschaft der Gesellschaft*, Suhrkamp-Verlag, Frankfurt 1998, 2 Bände, siehe vor allem das 1.Kapitel *Gesellschaft als soziales System* (S. 16f.), darin den Abschnitt *Die Weltgesellschaft* (S. 145f.).

verschiedensten Lebensbereichen[3]. In Brasilien können dieselben Modetrends angeschaut werden wie in Russland, in Südafrika wird dieselbe Musik gehört wie in Deutschland, Börsenschwankungen infolge kurzzeitiger US-Sanktionen stürzten vor kurzem Argentinien, die Türkei und Indien gleichzeitig in die Krise. Handys werden auf dem gesamten Globus als Kommunikationsmedien und Informationsfenster benutzt. Ist die Moderne wirklich, im Bild gesprochen, nur die Buntheit der vielen verschiedenen Farben oder weist sie, ganz im Gegenteil, die Tendenz zu einer einzigen Gesamtfarbe auf? Vielleicht ist aber auch beides gleichzeitig der Fall. Frei nach Luhmann könnte man hervorheben, dass die Weltgesellschaft zwar verschiedene Religionen, aber nur ein einziges Wirtschaftssystem verträgt[4].

Mit dem angesprochenen Zwielicht der Moderne – Freilassung zu noch nie dagewesener Vielheit tradierter und auch selbst gewählter Lebensformen, bei gleichzeitiger subtiler Uniformierung, Codierung und auch Überwachung des >gläsernen Menschen<, welche letztere Michel Foucault das Panoptikum, den alles sehenden Blick, zum Sinnbild der modernen Gesellschaft erklären ließ[5] –, dieser Janusköpfigkeit geht die tiefer gehende Frage weiter nach, ob die Menschen der gegenwärtigen Weltgesellschaft in ihren moralischen und existentiellen Überzeugungen tatsächlich immer weiter auseinanderdriften, oder ob sich, im Gegenteil, ein Zusammenrücken in diesem Bereich ereignet. Diese Frage soll zuerst in einer beschreibenden Beobachter-Perspektive angegangen werden. Sodann soll zu der explizit philosophischen Frage übergegangen werden, ob ein normatives *Urteil* gefällt, ob ein für alle Menschen Verbindliches herausgestellt und bestimmt werden kann und soll.

---

[3] Auf diese „Janusköpfigkeit" der Gegenwartskultur weist nachdrücklich Karlheinz Ruhstorfer in der Einleitung zu seinem Buch *Konversionen. Eine Archäologie der Bestimmung des Menschen bei Foucault, Nietzsche, Augustinus und Paulus* hin (Schöningh-Verlag, Paderborn München Wien Zürich, 2004, S. 20f.).

[4] „Aber tritt an die Stelle des Einen nun einfach das Viele? Löst sich die Einheit der Welt und die Einheit der Gesellschaft unwiderruflich auf in eine Vielheit der Systeme und Diskurse? Sind Relativismus, Historismus, Pluralismus die letzten Antworten, die immer schon gemeint waren, als man noch von Freiheit gesprochen hatte? Und dies gerade in dem historischen Moment, in dem die Einheit der Weltgesellschaft unausweichlich geworden ist – so unausweichlich, daß sie nicht einmal mehr zwei verschiedene Wirtschaftsordnungen, die kapitalistische und die sozialistische verträgt?" (Niklas Luhmann, *Beobachtungen der Moderne*, VS Verlag für Sozialwissenschaften, Wiesbaden 1992 f., Abschnitt I *Das Moderne der modernen Gesellschaft*, S. 43).

[5] Michel Foucault, *Überwachen und Strafen. Die Geburt des Gefängnisses*, aus dem Französischen von W. Seitter, Suhrkamp-Verlag, Frankfurt 1977 (Titel der Originalausgabe: *Surveiller et punir. La naissance de la prison*, Gallimard 1975), siehe vor allem das Kapitel *Der Panoptismus*, S. 251f.

Beginnen wir in der Beobachter-Perspektive! Neben den o.g. tief reichenden Differenzen, die zwischen den Wert- und Glaubensüberzeugungen von Individuen und vielleicht ganzen Kulturkreisen bestehen, gibt es in unserer Gegenwartsepoche durchaus Adressen für menschheitliche Anliegen und gemeinsame Werturteile; am explizitesten sind hier die *Vereinten Nationen*, die UNO anzuführen, welche Werte und Ziele ausformulieren, die von der Menschheit und den Staaten dieser Erde beachtet und befördert werden sollen, wie z.B. die Menschenrechte, die Frauen- und Kinderrechte, das Ziel der Inklusion von behinderten Menschen in sämtliche Bereiche der Gesellschaft, oder der Schutz des Klimas, damit das Wunder des Lebens auf dieser Erde und damit die Lebensgrundlage auch des Menschen bewahrt werden. Bei allen Mängeln, die die UNO aufweisen – ihre Beschlüsse können nur in den seltensten Fällen gegen den Willen von Staaten durchgesetzt werden, die fünf Veto-Mächte haben sich von vornherein dem neuen Völkerbund *nicht* vorbehaltlos unterstellt, die stimmberechtigten Staaten werden nicht selten von korrupten Tyrannen oder populistischen Präsidenten repräsentiert, und viele weitere Mängel mehr –, so ist es doch von unschätzbarem Wert, dass diese menschheitliche Organisation überhaupt existiert. Sie ist nicht für partielle Interessen, sondern für schlechthin übergeordnete Ziele, z.B. die Besiegung des Hungers, der Korruption und des Analphabetismus, besonders aber für die Bewahrung des Weltfriedens gegründet worden. Der schärfste Einwand gegen sie dürfte darauf abheben, dass die in der Charta der *Vereinten Nationen* verankerten Wertüberzeugungen eine westliche Provenienz besäßen, weshalb sie kein Gegengewicht zur westlichen Dominanz bilden, sondern diese subtil selber darstellen würden.

In der Tat sind die Hauptstationen in der Herausbildung der westlichen Werte, die Anspruch auf Universalität erheben, höchst ambivalent gewesen. Als im Jahre 1787, um daran kurz zu erinnern, in der amerikanischen Verfassung die allgemeinen Menschenrechte festgeschrieben wurden, waren der Handel mit schwarzen Sklaven sowie die Verdrängung der indianischen Ureinwohner aus ihren Stammesgebieten noch im vollen Gang. Die feierliche Deklaration der Menschenrechte in der Französischen Revolution im Jahre 1790 verhinderte nicht, dass sich eben diese Revolution in ein Terrorregime verwandelte, dem u.a. Olympe de Gouges, die 1791 die Erklärung der „Rechte der Frau und der Bürgerin" verfasst hatte, im Jahre 1793, auch wegen dieser Schrift, enthauptet wurde, ganz zu schweigen von Napoleons Wiedereinführung der Sklaverei in den französischen Kolonien, die sein Bündnis mit der Groß-Bourgeoisie befestigen sollte. Obgleich also sowohl in den USA als auch in Frankreich die Erklärung der Menschenrechte große Fragezeichen zurückließ – weil es sich *de facto* in erster Linie um die Rechte weißer männlicher Europäer handelte[6] –, so haben diese Erklärungen dennoch einen Diskurs inauguriert, aus dem auch die Selbstkritik des sogenannten Westens geschöpft ist. Blumenbergs These, dass sich die Probleme des Fortschritts nur durch weiteren Fortschritt lösen lassen, scheint weiterhin überzeugend, ja geradezu alternativlos zu sein[7].

Der radikale Kritiker der Menschenrechte namens Karl Marx, der in den Forderungen der Französischen Revolution nach „Freiheit, Gleichheit, Brüderlichkeit" nur die Begleitideologie des kapitalistischen Systems erblickte, da die genannten Postulate dem arbeitenden Menschen eine nur scheinbare Freiheit vorgaukeln würden, die lediglich im politischen Himmel existiere, während auf der ökonomischen Erde, d.h. in der Lebenswirklichkeit des Arbeiters, seine Versklavung und Ausbeutung vonstattengingen[8] –, auch dieser Kritiker, der eine politische Freiheit ohne *soziale* Befreiung für Illusion und Täuschung hält, muss doch für seine Gesellschaftskritik einen (impliziten) Bewertungsmaßstab mitbringen[9], der ihn voraussetzen lässt, dass der Mensch auf seine soziale, und nicht nur politische Freiheit, eben ein unverbrüchliches *Recht* habe. M.a.W., die marxistische Kritik an den Menschenrechten kann deren Boden nicht verlassen, weil sie mit keinem alternativen Diskurs zu überzeugen vermag.

---

[6] Vgl. die zugespitzte These Derridas „Vormals (das waren Zeiten, die noch nicht allzu weit zurückliegen und die sogar noch andauern) bedeutete >wir Menschen< soviel wie >wir erwachsenen weißen männlichen fleischessenden opferbereiten Europäer<" (Jacques Derrida, *Gesetzeskraft. Der >mystische< Grund der Autorität*, Suhrkamp-Verlag, Frankfurt 1991, S. 37). Im Original lauten seine Worte so: *Il fut d'ailleurs un temps qui n'est ni lointain ni fini où >>nous les hommes "voulait dire" nous les Européens adultes mâles blanc carnivores et capables de sacrifices<<, Force de Loi – Le >Fondement mystique de l'autorité<*, Éditions Galilée, Paris 1994, S. 41.

[7] „Die Probleme, die der Fortschritt aufgeworfen hat und aufwerfen wird, können *nur durch weiteren Fortschritt* gelöst werden" (Hans Blumenberg, *Schriften zur Technik*, Suhrkamp-Verlag, Berlin 2015, 18. Artikel *Dogmatische und rationale Analyse von Motivationen des technischen Fortschritts*, S. 258.)

[8] Karl Marx, *Zur Judenfrage*, in: Die Frühschriften, Kröner-Verlag, Stuttgart 1971, S. 190 f.: „Erst wenn der wirkliche individuelle Mensch den abstrakten Staatsbürger in sich zurücknimmt und als individueller Mensch in seinem empirischen Leben, in seiner individuellen Arbeit, in seinen individuellen Verhältnissen, *Gattungswesen* geworden ist, erst wenn der Mensch seine >forces propres< als *gesellschaftliche* Kräfte erkannt und organisiert hat und daher die gesellschaftliche Kraft nicht mehr in der Gestalt der *politischen* Kraft von sich trennt, erst dann ist die menschliche Emanzipation vollbracht" (199).

[9] Vgl. zu dieser Thematik das Buch meines Doktoranden Jan Sailer, *Das >gute Leben< im Kapitalismus. Aristotelische Gerechtigkeit und der Marxsche Bewertungsmaßstab*, Franke Verlag, Tübingen 2014.

Das krisenhafte Szenario, in dem zum ersten Mal die allgemeinen Menschenrechte proklamiert worden sind, stellt demnach keinen prinzipiellen Einwand gegen sie dar. Gerade die westliche Selbstkritik zeigt, dass genau die angefangene Linie weitergezogen und weitergedacht werden kann und muss; auch in der aktuellen Weltgesellschaft konnte kein Alternativ-Diskurs produziert werden, der die Forderung nach *Freiheit* von den Ketten der Tyrannei sowie nach *Gleichheit* gegen jeglichen Standes- und Kastendünkel besser und menschheitlicher hätte erheben können.

Einer der größten Einwände gegen die These, dass ein gemeinsam >Verbindliches< und damit auch >Verbindendes< für alle Menschen gedacht und begründet werden kann, stellt der Hinweis auf kulturell-religiöse Traditionen dar, deren Vielheit und Andersartigkeit zu beachten und zu bewahren seien, statt sie einer westlichen Normativität oder gar >Leitkultur< zu unterstellen, was bis zur Annahme eines semantischen Neo-Kolonialismus reichen kann, den es zu vermeiden gälte. Es lohnt sich daher, gerade im Blick auf das Thema „Religion", noch einmal auf die Situation der gegenwärtigen westlichen Welt zu schauen, die tiefgehend durch Multi-Kulturalismus, durch ein immer stärker werdendes Nebeneinander verschiedener Religionen sowie weitere weltgesellschaftliche Dynamiken charakterisiert ist. Es ist ergiebig, diesbezüglich noch einmal auf die Französische Revolution zurückzublicken, in deren erster Phase der sogenannte >Konvent< einen Beschluss gefasst hat, der in der Weltgeschichte ohne Vergleich ist; er bestand in nichts Geringerem als in der Abschaffung der christlichen Religion, bis hin zu einer neuen Zeitrechnung und einem neuen Wochenkalender. Die Kirche *Notre Dame de Paris* wurde zum >Tempel der Vernunft<, die katholische Religion durch eine Vernunft-Religion ersetzt, in der das „höchste Wesen" verehrt und ein Jenseits-Gericht über die Verstorbenen, allein im Blick auf ihre *moralisch* relevanten Verdienste oder Vergehen, geglaubt und öffentlich bekannt werden sollte. Eine Toten-Gerichts-Vorstellung, die, am Rande sei es bemerkt, dem platonischen Dialog *Gorgias* viel näher stand als der augustinischen Schrift *Vom Gottesstaat*; denn der Toten-Richter, den der platonische Sokrates im Beschluss des genannten Dialogs ins Gespräch bringt, sieht den Seelen nicht an, ob sie Griechen oder Barbaren, Männer oder Frauen, Freie oder Sklaven gewesen sind, sondern er sieht an den Seelen nur ein einziges: Gerechtigkeit oder Ungerechtigkeit[10]. Ob an den Leibern dieser Seelen, wie wir weiter ausmalen könnten,

---

[10] Vgl. Platon, *Gorgias*, 523 a - 526 b.

religiöse Rituale wie Beschneidung, Taufe oder Reinigungen im Fluss Ganges vollzogen worden sind oder nicht, spielt für das Urteil des platonischen Seelen-Richters keine Rolle. Zu einer solchen „Vernunft"- bzw. rein moralischen Vorstellung des Totengerichts wollten das revolutionäre Frankreich und kurz darauf in philosophischer Form Immanuel Kant wieder hin. Die neue Religion Frankreichs, die die Nationalversammlung als neues Glaubensbekenntnis feierlich proklamierte, wird im Anhalt an das vierte Buch (8. Kapitel) von Rousseaus politischer Hauptschrift *Du Contract Social* als „Zivilreligion" bezeichnet[11].

Wir könnten jetzt daran erinnern, dass dieser Beschluss von nur sehr kurzer Dauer gewesen ist, und dass im Jahre 1801 die Reste der ›Vernunft-Religion‹ von Napoleons Konkordat mit dem Papst wieder einkassiert worden sind. Der katholische Glaube wurde in diesem Konkordat als die französische Staatsreligion wieder festgeschrieben, auch wenn die katholische Kirche und ihre Organisationen unter staatliche Kontrolle gestellt wurden. Wenn wir jetzt weiter auf die gegenwärtige Situation z.B. in Deutschland schauen, so scheint sie um Welten von dem o.g. Beschluss der Französischen Revolution entfernt zu sein. Deutschland hat sich niemals so wie Frankreich die *laïcité* zum Ziel gesetzt, sondern tritt als ein zwar neutraler, aber religions- und kirchenfreundlicher Staat in Erscheinung, an dessen Schulen der in der Regel konfessionelle Religionsunterricht als *res mixta* erteilt wird, d.h. er steht unter der gemeinsamen Verantwortung des Staates und der Religionsgemeinschaften (in erster Linie der Kirchen), wobei die Lehrpersonen durchaus bekennende Gläubige sein können oder gar müssen[12]. War also die Zivilreligion der Französischen Revolution nur eine kurze Episode?

Der äußere Schein könnte trügen, denn näher besehen ist die Gegenwartsgesellschaft und ihr offizieller Staat[13] nur einer Religion freundlich gesinnt, die selber einen entschiedenen Verwandlungsschritt in Richtung Moderne vollzogen hat, was sie von der Religion gleichen Namens Alteuropas scharf abtrennt. Illustrieren wir dies ganz konkret an einem Beispiel, das

---

[11] Jean-Jacques Rousseau, *Du Contract Social ou Principes du Droit Politique*, Amsterdam 1762.

[12] Nach Artikel 7, Grundgesetz, ist der Religionsunterricht als „res mixta" die gemeinsame Sache von Staat und Kirche.

[13] Einschränkend kann gesagt werden, dass hier von den Staaten derjenigen Regionen der Weltgesellschaft die Rede ist, in denen die eigentümliche Modernität, d.h., mit Luhmann gesprochen, die funktionale Differenzierung der Gesellschaft unumkehrbar durchgesetzt worden ist.

wir künstlich konstruieren müssen, weil es in der gegenwärtigen Moderne fast undenkbar geworden ist. Stellen wir uns also einen christlichen Lehrer oder eine christliche Lehrerin vor – es muss sich dabei nicht um eine Religionslehrkraft handeln –, die einen *alteuropäischen* christlichen Glauben hätte, (ob dieser *in* der Moderne überhaupt als Religion, oder nur noch als Ideologie möglich ist, soll jetzt nicht untersucht werden). Wir malen uns also aus, dass die Lehrkraft von den getauften Schülern und Schülerinnen annehme, dass sie von der Erbsünde rein gewaschen (erlöst) seien, während die ungetauften, z.B. die meisten türkischen Kinder, von der Erbsünde weiterhin belastet und sich, in Ermangelung dieses heilsnotwendigen Sakraments, im Todesfall in einer, sagen wir es einmal so, >prekären< Situation befänden. Die Lehrkraft würde, unter Berufung auf ihre Glaubens- und Religionsfreiheit, ihre Überzeugung auch öffentlich äußern; die entsetzten Reaktionen auch von Seiten der Kirchen würden nicht lange auf sich warten lassen. Dabei hätte die Lehrkraft nur eine altchristliche Glaubensüberzeugung geäußert, die Jahrtausende lang von niemandem in Frage gestellt und selbst im Zeitalter der Kirchenspaltung zwischen den sich bekriegenden Konfessionen nicht wirklich kontrovers war. Denn nachdem Luther und Calvin das mittelalterliche Fegefeuer sowie den sogenannten „Limbus" – er war der Jenseitsort der ungetauften Kinder, die zwar zur Anschauung Gottes nicht zugelassen waren, aber doch einer natürlichen Seligkeit teilhaftig werden konnten[14] – als menschliche Erdichtungen, die sie zweifellos waren, verworfen hatten, gab es zur alten augustinischen Lehre von der *Verdammung* der ungetauften Kinder[15] – die Leibniz als ein sehr hartes Theologoumenon bezeichnet hatte[16] – nur die ebenso harte Alternative, dass die Verdammung der meisten Menschen sowieso durch den unerforschlichen Ratschluss Gottes von Ewigkeit her feststand[17], weshalb es an

---

[14] Siehe zu dieser mittelalterlichen Lehre Thomas von Aquin, *Summa Theologiae, Supplementum Tertiae Partis*, Quaestio 69, Artikel 4 bis 6.

[15] Vgl. zu dieser Thematik das Buch *Logik des Schreckens. Augustinus von Hippo. Die Gnadenlehre von 397* (Lateinisch-deutsch), Deutsche Erstübersetzung von Walter Schäfer. Herausgegeben und erklärt von Kurt Flasch, Dieterich'sche Verlagsbuchhandlung *excerpta classica*, Mainz 1990.

[16] Gottfried Wilhelm Leibniz, *Versuche in der Theodizee über die Güte Gottes, die Freiheit des Menschen und den Ursprung des Übels*, (Felix Meiner Verlag, Hamburg 1968f.), siehe beispielhaft den § 92.

[17] Dass die Prädestinationslehre nicht auf Calvin beschränkt ist, sondern auch von Luther entschieden und explizit gelehrt worden ist, beweist seine Schrift *De servo arbitrio*, EA 1525; abgedruckt in: D. Martin Luthers Werke. Kritische Gesamtausgabe, Bd. 18, Weimar 1883f., S. 600-787. Dass die Prädestinationslehre dennoch bei Calvin mit *besonderer* Schärfe hervortritt, hat nachdrücklich Max Weber in seiner berühmten Schrift *Die protestantische Ethik und der Geist des Kapitalismus* (EA 1904/05) herausgestellt, abgedruckt in Max Weber, *Religion und Gesellschaft – Gesammelte Aufsätze zur Religionssoziologie*, WBG, Darmstadt 2012, S. 11f. Siehe

der Taufe nicht mehr letztlich hing. Was aber die katholische Welt anlangt, so haben noch im Zweiten Weltkrieg polnische Mütter sogar ihre toten Kinder taufen lassen, aus tiefer Besorgnis um deren ewiges Schicksal, das sie als Ungetaufte erwartet[18].

Es scheint manifest zu sein, dass der alteuropäische und auch altprotestantische christliche Glaube, scharf und deutlich formuliert, im Kontext der Moderne keine Duldung oder gar Anerkennung mehr erfahren würde. Und wir können ganz generell dasjenige namhaft machen, was an den Religionen *in ihrer hergebrachten*, etwa *alteuropäischen Gestalt*, *nicht* toleriert werden kann und auch nicht toleriert wird. Dies ist die Seite ihrer Exklusivität, d.h. die Glaubenslehre von einer, harmlos gesagt, weltlichen oder jenseitigen >Benachteiligung< derjenigen, die zu den Ungläubigen, z.B. den Ungetauften oder gar den Verdammten zu rechnen sind. Ludwig Feuerbach hat dieses Moment der Exklusivität, das besonders in den monotheistischen Religionen in drastischer Form zu finden ist, meisterhaft zum Vorschein gebracht[19]. Der >Geist< der Moderne aber – der dann nachträglich-versöhnend von einigen als der eigentliche, wiewohl immer wieder verkannte >Geist des Christentums< selbst, vielleicht auch als das wahre Judentum oder als der eigentliche Islam ausgemacht wird –, der >Geist< bzw. die Botschaft der Moderne, die wir in den Verlautbarungen der UNO, aber nicht nur in diesen, nachlesen können, besteht gerade auf der Inklusion und gleichen Anerkennung aller Menschen, unabhängig von ihrer Herkunft, ihrem Geschlecht, ihrer Religion, ihrem Stande u.a. Mit dieser Botschaft ist ein impliziter Wahrheitsanspruch, auch in Bezug auf das Gebiet der Religion, verbunden. Jede Religions-Lehre, die sichtbare oder unsichtbare Gräben zwischen Menschen aufreißt, ist als vormodernes Relikt sofort sichtbar.

Damit ist ein deutliches Postulat an die Religionen verbunden. Wenn dieses auch nicht explizit, wie in der Französischen Revolution, als das Programm einer „Zivilreligion" formuliert wird, so erscheint es doch implizit als die Forderung einer „zivilisierten Religion". Denn es wird von den Religionen erwartet – und es wird von ihnen erwartet, dass sie es von

---

besonders Webers Unterscheidung, dass „bei Calvin [...] das *decretum horribile* nicht wie bei Luther erlebt, sondern erdacht [ist][...]" (87).

[18] Diese Angaben stützen sich auf mündliche Berichte von Zeitzeugen.

[19] Ludwig Feuerbach, *Das Wesen des Christentums* (EA 1841), abgedruckt in Ludwig Feuerbach, Werke in sechs Bänden, Suhrkamp Verlag, Frankfurt 1976 f., Bd. 5, siehe vor allem den Zweiten Teil der Schrift *Die Religion in ihrem Widerspruch mit dem Wesen des Menschen* (S. 219f.).

sich selbst erwarten und einfordern –, dass jegliche Exklusionssemantik über Bord geworfen und die Rede von den „Ungläubigen" abgeschafft werde (sofern es nicht schon längst geschehen ist); dass die Religion vielmehr als ein Angebot von Sinngebung präsentiert werde, welches in Freiheit angenommen oder in Freiheit abgelehnt werden kann (Religionsfreiheit somit als die Freiheit *zu* Religion oder Nicht-Religion), und welches, wenn angenommen, das menschliche Leben, z.B. das Familienleben, bereichern, ausschmücken, ethisch untermauern sowie soziale Handlungen inspirieren kann (Stichwort „Rotes Kreuz", „Roter Halbmond"), dass aber die Religion keinen Druck aufbaue, keine Trennungen provoziere oder Botschaften verbreite, welche die Menschen, die nicht ihres Glaubens sind, in irgendeiner Form herabsetzen. Das scheint mir keine weit hergeholte Theorie, sondern eine schlichte Beobachtung dessen zu sein, was in der aktuellen Weltgesellschaft die mehr oder weniger deutlich artikulierte Erwartungs-Haltung an die Religion bzw. die Religionen ist. Religionen sollen zivilisiert sein bzw. sich zivilisieren, sich die neuzeitliche Errungenschaft der Freiheit unumkehrbar zu Eigen machen.

Wenn wir jetzt der Frage nachgehen, ob in Ansehung der moralischen und existentiellen Überzeugungen eine unüberbrückbare Andersheit zwischen Individuen oder gar ganzen Kulturkreisen besteht, oder im Gegenteil eine tiefe Übereinstimmung, so können wir uns zunächst erneut in der Beobachter-Perspektive aufhalten. Ist es vorstellbar, dass Menschen einen Film anschauen, in dem eine gewissenlose Bande in Indien einem wehrlosen Opfer die Augen aussticht, es betteln lässt und die Beute am Abend einkassiert, während eine andere Person dieser kriminellen Bande mutig entgegentritt und das Opfer zu befreien sucht –, ist es vorstellbar, dass die Zuschauer und Zuschauerinnen, aus welcher Ecke dieser Erde sie auch kommen mögen, in ihrer Parteinahme für den Befreier oder die Befreierin *nicht* miteinander übereinstimmen?

David Hume hatte im 18. Jahrhundert unser inniges Mitgefühl, das wir sogar für fiktive Personen etwa in Dramen und Romanen, heute auch in Filmen, aufbringen, als Beweis dafür angeführt, dass der Mensch nicht aus einem nur egoistischen Kern besteht, welchen Sozialisation und Erziehung lediglich verhüllt hätten, da der Mensch sich auszurechnen gelernt habe, dass ein liebenswürdiges Verhalten zu seinen Mitmenschen letztlich auch zu seinem eigenen Vorteil ausschlage; vielmehr ist, so Hume, der Mensch zu einer *ursprünglichen* Sympathie mit anderen Menschen fähig, in Gestalt von Mitfreude und

Mitleid, welche Sympathie keinerlei Provenienz aus dem Egoismus habe, sondern gleichursprünglich, neben diesem und von ihm verschieden, im Menschen angelegt sei; dies zeige nach Hume die innige Anteilnahme, die Menschen sogar am Schicksal fiktiver Personen nehmen[20].

Vielleicht ist es das Medium der Kunst, das uns, ähnlich dem Traum, für eine gewisse Zeit dem wirklichen Leben enthebt und uns an einem Handlungsgeschehen teilnehmen lässt, in das unsere eigenen Interessen nicht verwickelt sind. In dieser freien Sphäre des sprachlichen Kunstwerks scheinen wir, als Menschheit, von der Parteinahme, die der Autor des Kunstwerks vorgibt, nicht voneinander abweichen zu können, weil an sie der ästhetische Genuss in der Rezeption des sprachlichen Kunstwerkes gebunden ist.

Selbst ein Mafia-Boss, wenn er den Film *Allein gegen die Mafia* sich anschaut, wird wohl zum heldenhaften *Commissario*, der am Ende erschossen wird, halten, vorausgesetzt, seine wirklichen Interessen werden nicht berührt und er wolle sich den ästhetischen Genuss des Films[21] nicht verbauen. Dies alles hat vielleicht keinerlei Konsequenzen für sein wirkliches Leben und Handeln; und ob Friedrich Schillers Idee einer ästhetischen „Erziehung des Menschengeschlechts", wo die schöne Kunst unmerklich und unaufdringlich die moralische Anlage des Menschen aufbaut und entfaltet, als geschichtliche Macht denkbar ist, ob also die schöne Kunst das Handeln der Menschen wirklich, obgleich unmerklich, verwandeln kann oder nicht[22], brauchen wir jetzt nicht zu entscheiden. Es genügt, auf den ganz deutlichen Befund hinzuweisen, dass es vielleicht moralische Gleichgültigkeit und Abgestumpftheit, aber kaum *entgegengesetzte* moralische Urteile und Intuitionen gibt – sofern keine Verzerrung durch Ideologien, religiöse Fundamentalismen oder massive Eigeninteressen ins

---

[20] David Hume, *Enquiry concerning the Principles of Morals* (EA 1751); dt.: *Eine Untersuchung über die Prinzipien der Moral*, übersetzt, mit einer Einleitung und Anmerkungen hrsg. von Manfred Kühn, Felix Meiner Verlag, Hamburg 2003 f. Siehe vor allem Abschnitt 7 (*Von Eigenschaften, die anderen unmittelbar angenehm sind*, S. 99f.) und Anhang I (*Von dem moralischen Gefühl*, S. 124f.).

[21] „Allein gegen die Mafia" (Originaltitel „La Piovra") war eine vom Sender *Rai Uno* produzierte Thriller-Serie, die in Italien zwischen 1984 und 2001 ausgestrahlt wurde.

[22] Friedrich Schiller, *Über die ästhetische Erziehung des Menschen in einer Reihe von Briefen*, hrsg. von Klaus L. Berghahn, Reclam-Verlag, Stuttgart 2000.

Spiel kommen. Wer immer den Roman *Nicholas Nickleby* von Charles Dickens[23] liest, wird zum Protagonisten, dem jungen Nickleby halten, und nicht zu seinen grausamen und gewissenlosen Gegenspielern. Und ich gehe fest davon aus, dass der junge Adolf Hitler, der, wie viele Jungs seines Alters, einige Bücher von Karl May gelesen hat[24], sich während seiner Lektüre mit dem edlen Apachen-Häuptling Winnetou identifiziert und zu ihm gehalten hat, nicht aber zu dessen geldgierigen, gewissenlosen und rassistischen Widersachern. All das spielte sich zwar nur während der Rezeption der genannten Trivialliteratur[25] ab, aber immerhin, in diesem Medium der Kunst, wenn keine das Urteil verzerrenden Faktoren auf den Plan treten, dürfen wir geradezu von einer menschheitlichen Übereinstimmung ausgehen.

Schlagen wir jetzt die Brücke von der Kunst zum wirklichen Leben. Rufen wir uns als Beispiel Gandhi in Erinnerung, von dem Albert Einstein gesagt hat, dass, wenn er nicht wirklich gelebt hätte, er es nicht hätte glauben können, dass ein Mensch aus Fleisch und Blut wie Gandhi existiert habe. Gandhi gelingt es, durch gewaltlosen Widerstand die Unabhängigkeit seines großen Heimatlandes Indien zu erreichen. Zugleich will er Indien nicht nur von den Briten, sondern auch von seinem eigenen Aberglauben befreien. Solange es nämlich zwei Formen der Sklaverei geben würde – die der Frauen und die der Unberührbaren – würde Indien niemals frei sein. Einmal soll er gesagt haben, ich bin Hindu, ich bin Moslem, ich bin Jude und ich bin Christ, um dadurch das Verbindende, gegen das Trennende, auszudrücken, das ihn dazu befähigte, für alle Inder in gleicher Weise einzutreten[26]. Sein unermüdlicher Einsatz ist durchaus religiös inspiriert, besonders aus

---

[23] Charles Dickens, *The Life and Adventures of Nicholas Nickleby*, Serialised March 1838 – October 1839; deutsche EA von Karl Heinrich Hermes, Braunschweig 1838/39.

[24] So meinte Hitler noch am 17.2.1942: „Ich würde den Karl May wieder erscheinen lassen, meine ersten geographischen Kenntnisse gehen darauf zurück! Ich habe ihn bei Kerzenlicht gelesen und mit einer großen Lupe bei Mondlicht!" (zitiert nach der wissenschaftlichen Edition von *Mein Kampf*, hrsg. von Christian Hartmann, Thomas Vordermayer, Othmar Plöckinger und Roman Töppel, unter Mitarbeit von Pascal Trees, Angelika Reizle und Martina Seewald-Mooser, im Auftrag des Instituts für Zeitgeschichte, München – Berlin, 2016, Bd. I, S. 790 (Fußnote 105 zur Seite 322 des Originaltextes).

[25] Der Begriff „Trivialliteratur" ist in der gegenwärtigen Germanistik umstritten und wird in der Regel nicht mehr verwendet.

[26] Zu verweisen ist hier auf den sehenswerten Film „Gandhi" aus dem Jahre 1982 von Richard Attenborough, Drehbuch von John Briley, in dem alle angegebenen Sachverhalte mit schauspielerischer Meisterschaft dargestellt werden.

hinduistischen und christlichen Quellen, etwa der Bergpredigt des Matthäus-Evangeliums; zugleich aber hat er ein >kritisches< Verhältnis zu den religiösen Traditionen, kritisch im Sinne des griechischen Wortes *krinein*, „unterscheiden". Die religiösen Traditionen können uns zu großen Taten von menschheitlicher Bedeutung inspirieren, aber wir dürfen uns nicht zu Sklaven dieser Traditionen machen, deren Schattenseiten wir uns eben nicht zu Eigen machen dürfen. Das kritische Verhältnis ist ein freies, wir könnten es auch als >transreligiösen< Standpunkt charakterisieren. Ein vorzügliches Beispiel für ein solches *krinein* ist Ernst Blochs Schrift „Atheismus im Christentum. Zur Religion des Exodus und des Reichs" aus dem Jahre 1968[27], wo Bloch in der einen Bibel *zwei* Bibeln voneinander unterscheidet, die eine, die als Herrschaftsideologie verwendet werden konnte und es auch war, und eine andere, die seit dem Propheten Amos auf der Seite der >Mühseligen und Beladenen<, der Unterdrückten und Geknechteten stand. Weil das Motiv des Exodus, des Auszugs aus der Knechtschaft, das Grundmotiv der Bibel geblieben ist, das durch alle Herrschaftsideologie, die es in der Bibel auch gibt, immer und unverkennbar hindurch scheint, konnte Ernst Bloch die jüdisch-christliche Bibel als „das revolutionärste Religionsbuch überhaupt"[28] charakterisieren. Und der Studentenführer Rudi Dutschke bezeichnete im Jahre 1975 diese Schrift von Ernst Bloch als einen „der wichtigsten Beiträge eines Philosophen der Gegenwart für den >Stoß aus dem Westen<"[29].

Wenn wir jetzt nach dem Ausschau halten, was ethisch und politisch >verbindlich< ist, so brauchen wir das Rad nicht neu zu erfinden, sondern können bei Kants Schrift *Zum Ewigen Frieden* unseren Ausgang nehmen[30], ergänzt um den ökologischen Imperativ, wie ihn Hans Jonas formuliert hat[31]. Nach Jonas gibt es eine menschheitliche Verantwortung, das Wunder

---

[27] Ernst Bloch, *Atheismus im Christentum. Zur Religion des Exodus und des Reichs*, Suhrkamp Verlag, Frankfurt 1968f.

[28] A.a.O., S. 104.

[29] Rudi Dutschke, *Im gleichen Gang und Feldzugsplan*, in: „Materialien zu Ernst Blochs >Prinzip Hoffnung<", hrsg. und eingeleitet von Burghart Schmidt, Suhrkamp-Verlag, Frankfurt 1978f, 214 – 222, S. 221.

[30] Immanuel Kant, *Zum Ewigen Frieden*, EA Königsberg 1795. Gut zugänglich im Reclam-Verlag, Stuttgart 1954f.

[31] Hans Jonas, *Das Prinzip Verantwortung. Versuch einer Ethik für die technologische Zivilisation*, Suhrkamp-Verlag, Frankfurt 1984 f.; siehe vor allem das zweite Kapitel, Abschnitt IV, *Die Pflicht zur Zukunft*, S. 84f. Hinzuweisen ist in diesem Zusammenhang auf die Schriften von Vittorio Hösle, der sich intensiv um eine Ethik für das 21. Jahrhundert bemüht. Beispielhaft aus seinem umfangreichen Werk sei hier seine Aufsatzsammlung hervorgehoben *Praktische Philosophie in der modernen Welt*, Verlag C.H. Beck, München 1995.

des Lebens auf dieser Erde zu bewahren. Weil dem Menschen, dank der modernen Technik, die Macht zugewachsen ist, die gesamte Bio-Sphäre des Planeten zerstören zu können, hat er auch die Verantwortung dafür, das Leben zu bewahren, damit auch den zukünftigen Generationen es möglich sein und bleiben wird, ein echtes menschliches Leben zu führen. Jonas leitet seinen ethischen Imperativ – metaphysisch – aus der Selbstbejahung des Seins ab, die auf der Stufe des Lebens >emphatisch< wird, weil sie dort als die Bemühung um und auch als Kampf für die eigene Erhaltung und gegen den Tod erscheint[32]. In diese Selbstbejahung des Lebens muss sich die ethische und politische Grundausrichtung einschreiben können, wenn sie sich dauerhaft Achtung erwerben will. Es ist jedem frei gestellt, die geforderte Bejahung aus religiöser Quelle abzuleiten und sie als Bewahrung der Schöpfung zu verstehen – gleich, ob dazu buddhistische und hinduistische Weisheitssprüche aufgerufen, Suren des Korans oder Texte der Bibel oder andere Schriften als Inspirationsquelle dienen –, entscheidend ist allein, dass aus ihnen eine Handlungsorientierung in Richtung Bewahrung, und nicht etwa Zerstörung, geschöpft wird.

Die Zielrichtung, die für alle Politik und jedes politische Handeln >verbindlich< ist, ist im Allgemeinen in der o.g. Schrift Immanuel Kants zum Ausdruck gebracht: dass nämlich der freie Republikanismus *in* allen Staaten zu befördern sei, entgegen Unrechtsregimen und Despotien jeglicher *couleur*, und dass zweitens die Politik unter der weiteren Bestimmung steht, sich dem Ziel des Ewigen Friedens zwischen den Staaten beständig immer mehr anzunähern. Die Europäische Union hat sich diese Ziele explizit zu Eigen gemacht, nämlich kontinuierliche Förderung der freien Zivilgesellschaft nach innen sowie entschiedene Friedens- und Sicherheitspolitik nach außen.

Immanuel Kants Philosophie ist dabei kein Ziel-, sondern ein Ausgangspunkt. Wie Luhmann gezeigt hat, verfügt Kant über kein adäquates Verständnis der modernen Gesellschaft, die sich durch funktionale Differenzierung auszeichnet, sondern denkt immer noch in der seit der Antike gängigen Zweiteilung „häuslicher" und „öffentlicher Raum"[33]; die Folge davon ist

---

[32] Siehe besonders (a.a.O.) das vierte Kapitel *Das Gute, das Sollen und das Sein: Theorie der Verantwortung* (S. 153f.), Abschnitt I ,4 *Das Ja des Lebens: emphatisch als Nein zum Nichtsein* (156f.).

[33] Siehe zu Luhmanns Kritik des Kant'schen Gesellschaftsbegriffs seinen Aufsatz *Die Unterscheidung von Staat und Gesellschaft*, in: Soziologische Aufklärung 4, Beiträge zur funktionalen Differenzierung der Gesellschaft, Springer Verlag, Wiesbaden 1987 f., 65-72.

z.B., dass Kant von der bürgerlichen Selbstständigkeit „alles Frauenzimmer"[34] ausschließt. Auch sind ihm die soziale Frage und ihre weltweite Brisanz unbekannt, ebenso die versuchten Antworten auf sie, etwa in Gestalt der sozialen Marktwirtschaft oder des Wohlfahrtstaates. Homosexualität beurteilt der Königsberger als ein Laster gegen die Natur, das keinerlei Nachsicht verdiene[35]. Und in seiner Religionsphilosophie favorisiert er die völlige Trennung der christlichen als der allein moralischen Religion vom Judentum, das ihm als der Inbegriff bloß willkürlicher Anordnungen und Vorschriften gilt[36]. Dass das Exodus-Motiv des zweiten Buchs *Mose* über Jahrtausende hinweg Freiheitsbewegungen inspiriert hat, bis hin zu den Gospelliedern der Schwarzen in den USA, als sie ihrer Sklaverei zu entkommen suchten, – für diesen von Ernst Bloch[37] und später Jan Assmann[38] herausgestellten Sachverhalt hat Kant keinen Blick. Trotz dieser Grenzen und Mängel hat Kant dennoch mit seiner Schrift *Zum Ewigen Frieden* ein Postulat herausgestellt, das in der gegenwärtigen Weltgesellschaft zwar mit neuem Inhalt zu füllen und in vielfacher Hinsicht

---

[34] Immanuel Kant, *Metaphysik der Sitten*, EA Königsberg 1797, neu abgedruckt in: Felix Meiner Verlag, Hamburg 1966 f. Im § 46 unterscheidet Kant den aktiven vom passiven Staatsbürger und führt für den letzteren folgende Beispiele an: „[…] der Geselle bei einem Kaufmann oder bei einem Handwerker; der Dienstbote (nicht der im Dienste des Staats steht); der Unmündige (*naturaliter vel civiliter*); alles Frauenzimmer, und überhaupt jedermann, der nicht nach eigenem Betriebe, sondern nach der Verfügung anderer (außer der des Staats) genötigt ist, seine Existenz (Nahrung und Schutz) zu erhalten, entbehrt der bürgerlichen Persönlichkeit und seine Existenz ist gleichsam nur Inhärenz" (S. 137; Akademie-Ausgabe, Bd. VI, S. 314).

[35] So schreibt Kant im Ersten Teil seiner *Metaphysik der Sitten*, nämlich in seiner *Rechtslehre* (§ 24): „Geschlechtsgemeinschaft (*commercium sexuale*) ist der wechselseitige Gebrauch, den ein Mensch von eines anderen Geschlechtsorganen und sein Vermögen macht (*usus membrorum et facultatum sexualium alterius*), und entweder ein natürlicher (wodurch seines Gleichen erzeugt werden kann) oder unnatürlicher Gebrauch, und dieser entweder an einer Person ebendesselben Geschlechts, oder einem Tiere von einer anderen als der Menschen-Gattung; welche Übertretungen der Gesetze, unnatürliche Laster (*crimina carnis contra naturam*), die auch unnennbar heißen, als Läsion der Menschheit in unserer eigenen Person durch gar keine Einschränkungen und Ausnahmen wieder die gänzliche Verwerfung gerettet werden können" (S. 91; Akademie-Ausgabe, Bd. VI, S. 277).

[36] Immanuel Kant, *Die Religion innerhalb der Grenzen der bloßen Vernunft*, Königsberg 1798 (abgedruck im Felix-Meiner-Verlag, Hamburg 1956 f., mit einer Einleitung von Hermann Noack.) Siehe vor allem: Drittes Stück, *Der Sieg des guten Prinzips über das böse und die Gründung eines Reiches Gottes auf Erden*, Zweite Abteilung, *Historische Vorstellung der allmählichen Gründung der Herrschaft des guten Prinzips auf Erden*. Da heißt es z.B.: „Der jüdische Glaube ist seiner ursprünglichen Einrichtung nach ein Inbegriff bloß statuarischer Gesetze, auf welchem eine Staatsverfassung gegründet war; denn welche moralischen Zusätze entweder damals schon oder auch in der Folge ihm angehängt worden sind, die sind schlechterdings nicht zum Judentum als einem solchen gehörig" (S. 139; Akademie-Ausgabe, Bd. VI, S. 186).

[37] Siehe Fußnote Nr. 27.

[38] Jan Assmann, *Exodus. Die Revolution der Alten Welt*, WBG, Verlag C.H.Beck, München 2015.

anders und weiter zu denken ist, an das jedoch durchaus als an einen Anfangspunkt angeknüpft werden kann.

Die explizit philosophische Frage, ob und wie wir ethische und politische Normativität letztlich *begründen* können – ob aus dem Nachdenken darüber, wie das menschliche Leben gelingen und glückselig werden kann (Aristoteles[39]), welches gelingende Leben im Mittelalter seinen höchsten Ausdruck darin finden sollte, das „Bild Gottes" im Menschen aufscheinen zu lassen (Augustinus, Thomas von Aquin[40]), oder ob die Begründung aus der Betrachtung der Natur des Menschen geschöpft wird, der nicht ein >Wolf< (Hobbes), sondern ein Wesen ist, das ursprünglich zur Sympathie befähigt ist, weshalb es diese Anlage im Menschen zu entwickeln gelte (David Hume[41]), oder transzendentalphilosophisch aus der Selbstgesetzgebung eines als überempirisch gedachten Subjekts (Kant)[42], oder aus der Manifestation eines umfassenden und sich im Fortschritt befindenden „Geist"-Geschehens, was es erst möglich macht, von einem „Geist" der Moderne zu sprechen (Hegel[43]), oder aus dem Grundzug des Seins und emphatisch des Lebens, sich selbst zu bejahen und zu wollen, in das sich der Mensch, mit der Macht, die ihm die moderne Technik in die Hände gelegt hat, verantwortlich einzuschreiben bestimmt sei (Hans Jonas[44]) –, diese explizit-philosophische Frage soll und kann hier nicht beantwortet werden. Was jedoch plausibel gemacht werden sollte, ist die Tatsache, erstens, *dass* es die gemeinsame Weltgesellschaft längst gibt, deren weiteres Schicksal Fragen aufwirft, die an alle gleichermaßen gestellt sind, zweitens, dass es,

---

[39] Siehe seine ethischen Schriften, besonders die *Nikomachische Ethik*.

[40] An prominenter Stelle, nämlich im *Prologus* zur *Secunda Pars* seiner *Summa Theologiae*, stellt Thomas den gesamten praktischen Teil seines Hauptwerks unter das Leitmotiv des Bildes Gottes. Nachdem im I. Teil über das *exemplar* (Gott) gehandelt worden sei, stünde jetzt die *imago*, das Bild bzw. der Mensch im Zentrum der Betrachtung, darauf gesehen, „wie er selbst Anfangsgrund seiner Werke sei, weil er gleichsam ein freies Entscheidungsvermögen und Macht über seine Werke habe" (*secundum quod et ipse suorum operum principium, quasi liberum arbitrium habens et suorum operum potestatem*).

[41] Siehe Fußnote Nr. 20.

[42] Siehe die ethischen Hauptwerke Kants *Grundlegung zur Metaphysik der Sitten* und *Kritik der praktischen Vernunft* (abgedruckt im V. Band der Akademie-Ausgabe der Preußischen Akademie der Wissenschaften, Berlin 1913.

[43] G.W.F. Hegel, *Vorlesungen über die Philosophie der Geschichte*, in: G.W.F. Hegel, Werke in 20 Bänden, Bd. 12, Suhrkamp-Verlag, Frankfurt 1970 f.

[44] Vgl. die Fußnote Nr. 31.

näher besehen, keine entgegengesetzten moralischen Urteile und Intuitionen zwischen den Menschen gibt, weil die Menschen zwar durch Ideologien, Fundamentalismen und massive Eigeninteressen gegeneinander aufgestellt und auch aufgehetzt werden können, dass aber dieselben Menschen, wenn sie sich in die Welt der schönen Kunst entführen lassen – wobei in erster Linie an das sprachliche Kunstwerk gedacht ist –, ihre Sympathien und Wertungen kaum voneinander abweichen lassen können, was immer auch der letzte *Grund* dafür sein mag, dass Menschen unweigerlich moralische Urteile fällen. Dies zeigt dann aber auch im Rückschluss, dass die Menschen so different und >anders< gar nicht sind, schon gar nicht derart, dass über ihre Andersheit nicht einmal kommuniziert werden könnte.

Was also ist das >Verbindliche< in der und für die Weltgesellschaft? Kollektiv sind wir dazu verbunden, das Wunder des Lebens zu bewahren, den Republikanismus *in* allen Staaten sowie den Ewigen Frieden zwischen ihnen zu befördern sowie auf einen Zustand der Weltgesellschaft hin zu arbeiten, in dem das Prinzip des Wohlfahrtsstaates weltweit implementiert ist, was letztlich den Unterschied zwischen „Erster" und „Dritter Welt" aufhebt[45].

Und wie könnte dasjenige charakterisiert werden, was für uns individuell verbindlich ist? Es braucht gar nicht von außen an die Menschen herangetragen und künstlich konstruiert zu werden. Warum sagen wir es nicht einfach so? Wir sind dazu aufgerufen, dasjenige, was wir im Medium der schönen Kunst jederzeit bewundern und achten würden, im wirklichen Leben nach Kräften selber zu sein. Wie es einer der antiken Römer so schön formulierte „*De te fabula narratur*", „Von *dir* handelt die Geschichte"[46].

---

[45] Für Luhmann (in: *Die Politik der Gesellschaft*, Suhrkamp-Verlag, Frankfurt 2002) werden die Fragen nach „der Entwicklung vom liberalen Verfassungsstaat zum Wohlfahrtsstaat" sowie die Schwierigkeiten einer „weltweiten (weltgesellschaftlichen) Realisierung des Nationalstaates und des liberalen Verfassungsstaates" als Probleme „der [politischen] Evolution" behandelt (422), aber es wird nicht das Postulat aufgestellt, das wir – solange der Begriff >Dritte Welt< für eine Sphäre der Not, der Entrechtung, unddes wehrlosen Ausgeliefertseins unzähliger Menschen an korrupte Regime und westliche Konzerne steht – nur, in Anlehnung an Kant, auf die Formel bringen können: „Es soll keine >Dritte Welt< sein!"

[46] Dieser Ausspruch geht auf Quintus Flaccus Horaz zurück.

BEI GRIN MACHT SICH IHR WISSEN BEZAHLT

- Wir veröffentlichen Ihre Hausarbeit, Bachelor- und Masterarbeit

- Ihr eigenes eBook und Buch - weltweit in allen wichtigen Shops

- Verdienen Sie an jedem Verkauf

Jetzt bei www.GRIN.com hochladen und kostenlos publizieren